Para mi hija Isabella y para todos los niños de Puerto Rico en cualquier parte del Mundo.

Aa
amapola

Bb
Borinquen

coquí

Ee
estrella

Ff
flamboyán

Hh
habichuelas

Ii

isla

Mm
mofongo

Nn
nido

ñame

océano

pp
piragua

Rr
río

Tt
taínos

Vv
vejigante

Yy
Yunque

Zz
zumbador